Lesenlernen in 3 Schritten

Die schönsten Pferdegeschichten

Loewe

LIEBE ELTERN,

dieses Buch hilft Ihrem Kind dabei, die Freude am Lesen zu entdecken, und zwar mit spannenden und lustigen Geschichten auf drei unterschiedlichen Leseniveaus. Mit jeder Geschichte steigert sich der Schwierigkeitsgrad und passt sich so dem wachsenden Lesevermögen Ihres Kindes an. Dadurch kann Ihr Kind verschiedene Geschichten zu einem interessanten Thema lesen und sich dabei in seinem eigenen Tempo steigern.
Das sorgt für motivierende Erfolgserlebnisse und lang anhaltende Lesefreude!

Schritt für Schritt zum Leseprofi!

Inhalt

1

MIT BILDERN
LESEN LERNEN

Liebe Eltern,

diese Geschichten mit einfachen Sätzen sowie großer und leicht lesbarer Schrift richten sich an Leseanfänger*innen. Hauptwörter werden durch kleine Bilder ersetzt. Lesen Sie die Geschichten vor und lassen Sie Ihr Kind die Bilder selbst benennen. Am Ende finden Sie eine Wörterliste mit den einzelnen Bedeutungen. Viele bunte Illustrationen sorgen außerdem für Lesepausen und helfen, die Geschichte zu verstehen.

So wird das Lesenlernen zu einem echten Vergnügen!

Amelie Benn

Pferdegeschichten

Illustriert von Alexander Bux

Großes Pferdeabenteuer

Elia ist fast fertig im  .

Er hat dem kleinen  Balu

den  abgenommen, das 

gebürstet und die 

ausgekratzt.

Zuletzt bekommt Balu noch

eine 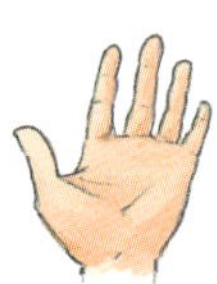 voll  . Dann bringt

Elia ihn auf die  .

„Bis später, Balu!“, sagt Elia, bevor

er das  schließt. „Pffft“,

schnaubt Balu. Er senkt den 

und knabbert ein wenig  .

„Langweilig!“, denkt er, läuft weiter

und zupft ein wenig  .

„Noch langweiliger!“, denkt er und wiehert. Nanu, da wiehert ein  zurück. Es steht weit hinten am 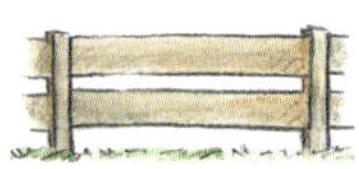 . „Wer bist du?“, fragt Balu. „Ich heiße Goliath und bin neu auf dem  “, antwortet das große  .

Balu fühlt sich wie ein  neben

ihm. „Komm mit!“, sagt Goliath

und galoppiert zum  .

Geschickt schiebt er mit der 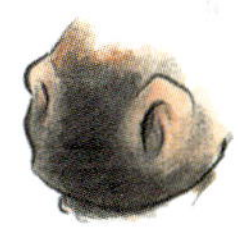

den  nach oben.

Das  schwingt auf.

Balu macht große  .

Aufgeregt trabt er hinter Goliath

über die  . Der 

zerzaust ihm die  und unter

seinen  kitzelt das  –

herrlich! Die beiden 

galoppieren in den  ,

wo es schön kühl ist.

Plötzlich bricht ein  aus

dem  . Balu bäumt sich auf.

Goliath trampelt drohend mit

den  auf den  , sodass

der  rasch davonrennt. „Toll,

so groß zu sein“, sagt Balu.

Die  geht schon unter, als sie

zurück zur  traben. Goliath

zieht mit den 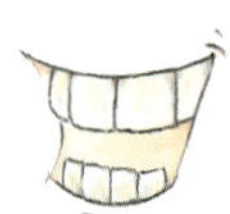 das  zu.

Da kommt auch schon Elia um

die  gelaufen.

Er beißt gerade in einen .

Auf einmal fällt ihm der  aus der 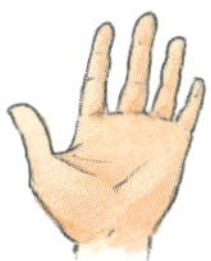. Balu schiebt schnell seinen  unter dem  durch und schnappt ihn sich.

„Praktisch, so klein zu sein!“,

sagt Goliath und die beiden 

wiehern fröhlich. Nur Elia wundert

sich, dass der  vom 

nicht richtig befestigt ist …

Freunde fürs Leben

Mia hüpft aufgeregt von einem 
aufs andere. Heute kommt ihr ,
das sie sich so gewünscht hat! Mia
steht vor dem  neben Sara,
der der  gehört.
Auf einmal biegt ein 
mit einem  um die .
„Da sind sie ja!“, ruft Sara.

„Warte hier, Mia, wir laden

das  aus und bringen es

in seine  . Es muss sich

ausruhen.“ Mias  pocht ganz

schnell, als das kleine  mit

dem seidigen weißen  an

ihr vorbeigeführt wird.

Es ist noch sehr jung und

nur 1 

50 groß. Mia weiß,

dass es zu den kleinsten 

der  zählt. „Geh erst

morgen rein, es ist noch unruhig“,

meint Sara, als sie den 

verlässt und zur  läuft.

Doch als Sara weg ist, geht Mia heimlich in den  . Vorsichtig nähert sie sich der  . Das kleine  wirft aufgeregt den  hin und her. Mia kramt eine  aus ihrer  .

„Hallo, ich bin Mia“, sagt sie leise und schiebt dabei langsam den  an der  zurück. Aufmerksam sieht das  Mia in die . Es ist ganz ruhig. Mia hält ihm die 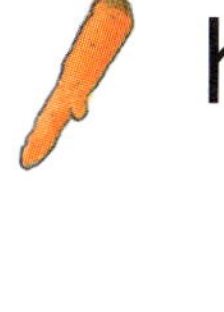 hin.

Behutsam knabbert das 

daran. Mia streicht ihm mit der

anderen 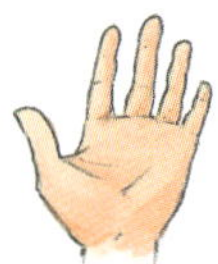 über die weiche  .

Plötzlich tritt Sara in die  .

Mia erschrickt.

„Du konntest es nicht abwarten,

hm?“, fragt Sara. „Aber dein 

hat dich ja schon in sein 

geschlossen.“ Das  hebt

den  und wiehert zustimmend.

„Wie soll es denn heißen?“, fragt

Sara.

Mia überlegt. „Es ist so weiß und weich wie eine  – es soll Wölkchen heißen!“ Das kleine  senkt den  und stupst Mia an. „Du bist das süßeste  der !“, flüstert sie Wölkchen glücklich ins .

Nur Mut, kleines Pferd!

Maja bindet dem kleinen  Nena bunte 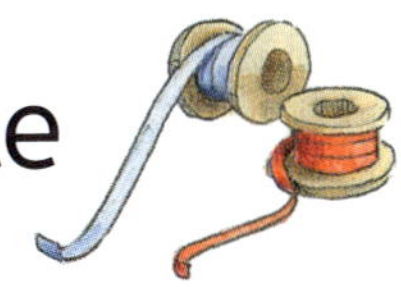 in den . Heute ist ein großes  auf dem . Die  sind geschmückt, es gibt , heiße  und . Maja soll mit Nena zeigen, was sie kann, und über drei  springen.

Die anderen  stehen mit

ihren  schon an der 

.

Schnell reiht sich Maja ein. Unruhig tänzelt Nena hin und her. Zwischen all den großen  fühlt sie sich nicht wohl.

Es geht los! Die ersten beiden 

überspringen Maja und Nena ganz

leicht. Jetzt nur noch der  !

Doch kurz davor bleibt Nena stehen.

Sie wirft energisch den  hin

und her.

Maja weiß nicht, was sie tun soll.

Doch dann versteht sie. Sie beugt

sich über Nenas  und flüstert:

„Ich weiß, dass du das genauso

gut kannst wie die großen  !“

Nena schnaubt.

Sie startet durch, ohne dass Maja

etwas tun muss. Mit einem 

setzen sie über den  .

„Siehst du, du kannst alles schaffen,

was du willst!“, sagt Maja leise,

während sie über die 

galoppieren.

Als sie an den anderen 

vorbeireiten, hebt Nena ihren 

ganz hoch und wiehert stolz.

Samson, das Wildpferd

Samson, das kleine , galoppiert über den schneebedeckten . Er liebt es, wenn seine  wild im  flattert. Gestern sind die ersten  gefallen und nun ist schon die ganze  mit weißem  bedeckt.

Alle  in Samsons 

haben jetzt ein dichtes  .

Der starke  Eike führt sie zu

den  beim alten  ,

wo es nachts angenehm warm ist.

Dort angekommen, kuscheln

sich die  dicht zusammen.

Die  stellen sich in die 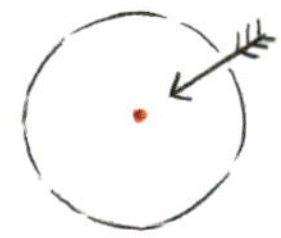,

um sich vor dem eiskalten 

zu schützen.

Aber wo steckt nur Tame, das 

mit dem rotbraunen  und

dem weißen  auf der  ?

Samson reckt den  , um

besser sehen zu können.

Ist das kleine  auf dem 

zu den  etwa verloren

gegangen? Samson scharrt unruhig

mit den  und wiehert besorgt.

Dann trabt er los.

Dicke 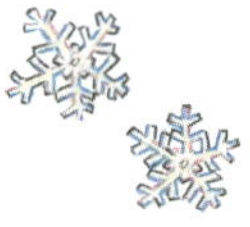 fallen vom  .

Samson muss Tame unbedingt

finden, bevor die  anbricht!

Aufmerksam spitzt er die 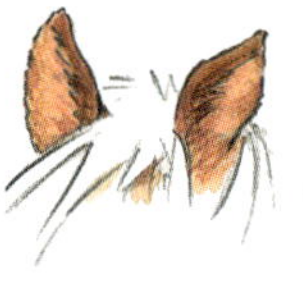 .

Plötzlich hört er etwas. Da vorne

am  ist Tame!

Zitternd liegt das  im .

Erleichtert stupst Samson Tame

mit der  an. Langsam steht

das  auf. Samson und Tame

kämpfen sich  um  durch

den .

Endlich erreichen sie die  .

Alle  wiehern freudig, als

die beiden ankommen. Der 

trabt auf Samson zu und wirft

den  auf und ab.

Was Samson getan hat, war

unglaublich mutig! Samson reckt

den  und wiehert stolz.

Wenn er groß ist, will er selbst

eine  anführen!

Die Wörter zu den Bildern:

Stall

Pferd

Sattel

Fell

Hufe

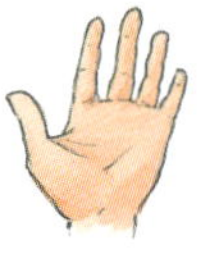
Hand

Hafer

Weide

Gatter

Kopf

Klee

Gras

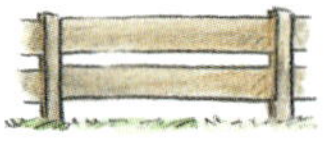
Zaun

Reiterhof

Zwerg

Nase

Riegel

Augen

Wiese

Wind

 Mähne

 Wald

 Fuchs

 Gebüsch

 Boden

 Sonne

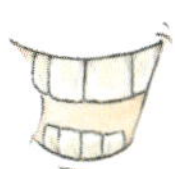 Zähne

 Ecke

 Apfel

 Bein

 Auto

 Pferde-
anhänger

 Box

 Herz

Meter

 Welt

 Reithalle

 Karotte

 Hosen-
tasche

 Wolke

 Ohr

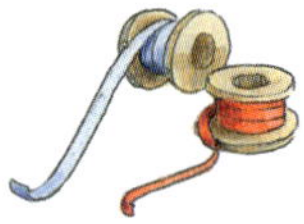
Bänder

Schweif

Fest

Tribünen

Getränke

Würstchen

Pommes

Hindernisse

Reiter

Startlinie

Wassergraben

Hals

Sprung

Ziellinie

Hügel

Schneeflocken

Insel

Schnee

Herde

Leithengst

Felsen

Vulkan

 Fohlen

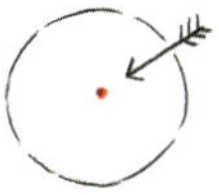 Mitte

 Stern

 Stirn

 Weg

 Himmel

 Nacht

2

GEMEINSAM
LESEN

Liebe Eltern,

in diesen Geschichten schlüpfen Leseanfänger*innen in die Rolle einer sympathischen Figur und lesen kurze, einfache Textpassagen, während die Erwachsenen die längeren Abschnitte der Geschichte übernehmen. So erleben die Kinder Seite für Seite neue Abenteuer und tauchen in die Welt der Bücher ein.

Gemeinsam geht eben vieles leichter, auch das Lesen!

Heike Wiechmann

Reitstallgeschichten

Illustriert von der Autorin

Ein Name für das Fohlen

Anna und Anton sind Zwillinge. Sie haben die gleichen Sommersprossen und dasselbe Lieblingspony: Daisy. In diesem Frühjahr bekommt die weiße Stute ihr erstes Fohlen.

Anna und Anton
sind schon ganz aufgeregt.

Jeden Tag besuchen sie Daisy und bringen ihr Leckerlis. „Wie lieb ihr euch um Daisy kümmert“, sagt Herr Wilke, der Besitzer des Reitstalls. „Deshalb dürft ihr dem Fohlen seinen Namen geben.“

„Hurra!“,
jubeln die Zwillinge.

„Sternchen soll es heißen“, sagt Anna.

„Nee, Flocke“,
sagt Anton.

„Ihr müsst euch entscheiden!“, meint Herr Wilke lachend.
Doch die Zwillinge können sich einfach nicht einigen.

Als Anna und Anton am nächsten Tag in den Stall kommen, steckt Herr Wilke den Kopf aus Daisys Box.
„Schaut nur“, wispert er. „Das Fohlen ist da. Ein Hengst!“
Staunend betrachten die Kinder Daisys Fohlen.

„Wie süß“, flüstert Anna.

„Es soll Flocke heißen“, sagt Anton schnell.

„Nee, Sternchen!“, ruft Anna.

„Pst“, macht Herr Wilke.
Daisy schnaubt und legt sich wieder ins Stroh.
Unruhig wirft sie den Kopf herum.
„Ich glaub's nicht“, flüstert Anton. „Es kommt noch eines!“
Atemlos schauen die Kinder zu, wie Daisy ihr zweites Kind zur Welt bringt.
„Es ist ein Mädchen“, sagt Herr Wilke und strahlt.
„Zwillinge“, seufzt Anna glücklich und knufft Anton in die Seite.

„Wie gut, dass wir uns zwei Namen ausgedacht haben!“

Rettung in letzter Sekunde

Pina und ihre Eltern machen Ferien auf der Insel Lüttenoog.
„Oje, heute regnet's", sagt Pina, als sie am Morgen aus dem Fenster schaut.
„Macht nichts", antwortet Mama. „Wir wandern trotzdem."
Pina, Mama und Papa laufen bis zur Südspitze der Insel. Riesige Wellen donnern hier gegen das Ufer.
„Richtiges Hochwasser", staunt Papa.
Plötzlich lauscht Pina.

Ruft da etwa jemand?

Nein, jetzt hört sie es genau:
In der Nähe wiehern Pferde. Wieder und wieder.

Da stimmt etwas nicht!

Pina läuft über die Düne.
„Oh nein!", ruft sie erschrocken.
Die Wiese hinter der Düne ist überschwemmt! Ein Brauner und ein Schimmel stehen bis zum Bauch in den Wellen.

„Wir müssen sie retten!",
ruft Pina und watet ins Wasser.

Papa hält sie zurück. „Das ist viel zu gefährlich!"
Er holt sein Handy hervor und wählt 112. Dann warten sie.
„Das Wasser steigt weiter!", ruft Pina verzweifelt.
Mama zeigt zur Straße. „Endlich! Da kommt die Feuerwehr."
Am nächsten Morgen ist das Meer wieder blank wie ein Spiegel.
Pina rührt in ihrem Frühstücksmüsli.

„Wie die Pferde hinter dem Schlauchboot hergeschwommen sind", sagt sie bestimmt zum achten Mal. „Hoffentlich geht es ihnen gut!"
„Bestimmt", beruhigt Papa sie.
Er zeigt aus dem Fenster. Vor dem Haus hält eine Kutsche. „Reitstall Norddorf" steht darauf. Die beiden Pferde davor sind weiß und braun.

„Das sind sie!", ruft Pina
und rast nach draußen.

„Bist du Pina Fischer?", fragt die Frau auf dem Kutschbock. Pina nickt.
„Ich bin Frau Bengen", sagt die Frau. „Und das sind Freya und Fiete."
Pina streichelt die weichen Pferdenasen.
„Die beiden wollen sich bei dir für ihre Rettung bedanken", sagt Frau Bengen und lächelt. „Hast du Lust auf eine Kutschfahrt?"

„Na klar!", jubelt Pina.

Und ob sie dazu Lust hat!

Das schönste Pferd im Stall

Emma blickt finster über den Schulhof. Da steht Lea und erzählt mal wieder von Bella, ihrem Pflegepferd.
„Bella hier, Bella da“, schnauft Emma genervt.
Emmas Freundin Feli lacht. „Bist du neidisch?“, fragt sie.

„Gar nicht“, sagt Emma.

Aber Feli hat recht. Emma möchte auch so gern mal auf einem Pferderücken sitzen.

Und Emma hat Glück!

Zum Geburtstag bekommt sie einen Reitkurs geschenkt.
Aufgeregt fährt sie zu ihrer ersten Stunde.
Emma darf auf Libelle reiten, einer sandfarbenen Stute.
„Libelles Fell schimmert wie Seide", erzählt Emma am nächsten Tag in der Schule.

„Sie ist einfach toll!"

Feli kichert.

„Jetzt schwärmst du genauso wie Lea von Bella“, sagt sie.

Emma wird rot. Dann schaut sie sich um. „Wo ist Lea überhaupt?“

„Krank“, sagt Feli. „Sie hat sich den Knöchel verknackst.“

Jeden Tag radelt Emma zum Reitstall, um sich um Libelle zu kümmern.

Als sie mal wieder Libelles glänzende Mähne bürstet, kommt plötzlich Lea die Stallgasse heraufgehumpelt.

„Hallo, Bella!“, ruft sie.

Libelle reckt den Kopf über die Boxenwand.

„Wieso Bella?“, fragt Emma verwirrt.

„Das ist Libelles Spitzname“, sagt Lea.

„Wusstest du das nicht?“

Emma schüttelt den Kopf.
Die beiden Mädchen schweigen verlegen.
„Es dauert noch eine Weile, bis ich wieder reiten kann“, sagt Lea dann. „Würdest du dich solange ...?“
Sie stockt mitten im Satz.
„Mich um Libelle kümmern?“, fragt Emma lachend.

„Klar mach ich das.
Schließlich ist Bella
das tollste Pferd der Welt!“

Mollys Geheimnis

Es ist die erste Reitstunde nach den Sommerferien.
„Ganze Abteilung Trab!“, ruft Robert, der Reitlehrer.

„Los, Molly!“,
flüstert Paula und
drückt der braunen Stute
die Schenkel in die Seiten.

Alle Ponys traben an. Nur Molly nicht. Träge trottet sie durch die Reithalle.
„Molly, du bist richtig faul geworden!“, schimpft Paula nach der Reitstunde. „Und dick noch dazu.“
Die Stute schnaubt und stupst gegen Paulas Rucksack.

„Nee, du Faultier“,
sagt Paula.
„Eine Möhre hast
du dir heute echt
nicht verdient.“

Paulas Mutter wartet schon vor dem Stall auf ihre Tochter.
„Stell dir vor“, ruft sie, „Sofie bekommt ein Baby!“
Sie streckt Paula ein Foto entgegen. Paulas Tante Sofie wohnt in Kanada. Auf dem Foto hat sie einen kugelrunden Babybauch.
„Sie schreibt, sie mag gar nicht mehr laufen“, sagt Paulas Mama.
Paula stutzt.

„Runder Bauch“, murmelt sie.
„Mag nicht mehr laufen ... Genau wie Molly!“
Paula drückt ihrer Mutter das Bild in die Hand und rast zurück in den Stall. Robert steht vor Mollys Box und spricht in sein Handy.
„Das war Doktor Larsen“, sagt er, nachdem er aufgelegt hat. „Er hat Molly heute Morgen untersucht.“
„Stimmt es, dass sie ein Fohlen bekommt?“, fragt Paula aufgeregt.
Robert reißt die Augen auf. „Woher weißt du das denn? Der Doktor hat es mir doch eben erst erzählt.“
Paula lächelt geheimnisvoll.

„Von meiner Tante aus Kanada ...“

Amelie und der Ausreißer

Vor dem neuen Haus stapelten sich die Umzugskisten. Amelie stemmte die Arme in die Seiten.
„Warum mussten wir bloß umziehen?“, schimpfte sie. „Hier kenne ich doch niemanden!“
Wütend stürmte sie an ihren Eltern vorbei in den Garten. Sollten Mama und Papa doch allein auspacken! Gleich hinter dem Haus führte ein Weg in die Wiesen.

Amelie lief
bis zu einem Bauernhof.

„Thomsens Reitstall“ stand auf einem Schild. Vor dem Stall putzten ein paar Mädchen ihre Ponys. Amelie seufzte. Früher war sie immer mit ihrer Freundin Katja zum Reiten gegangen. Aber allein traute sie sich bestimmt nicht. Amelie trottete weiter. Am Waldrand setzte sie sich auf eine Bank. Auf einmal raschelte es neben ihr. Amelie sprang auf. Ihr Herz klopfte wild. Aber da war kein Wildschwein und auch kein Hirsch. Hinter einem Busch graste ein Pony. Seine Zügel hingen auf den Boden.

„Wo kommst du denn her?“,
fragte Amelie und blickte sich um.

Ein Reiter war nicht zu sehen. Langsam ging Amelie auf den Schecken zu. Dann griff sie die Zügel. Das Pony riss erschrocken den Kopf hoch.

„Ganz ruhig!“, sagte Amelie.

Da hörte sie auf einmal eine Stimme. „Elvis, du Ausreißer!“ Ein Mädchen kam aus dem Wald gelaufen. „Hat Elvis dich abgeworfen?“, fragte Amelie.

„Und wie!“, sagte das Mädchen. „Danke, dass du ihn aufgehalten hast.“

Sie rieb sich den Po.
„Ich gehe besser zu Fuß nach Hause. Willst du mitkommen? Ich wohne gleich da vorn.“
Sie zeigte zum Reitstall.
„Gern“, sagte Amelie und strahlte. Ihr neues Zuhause kam ihr plötzlich gar nicht mehr doof vor.

Die Ponyparade

Heute ist Hoffest im Reitstall Lenz. Wie jedes Jahr findet am Abend ein großer Festumzug statt.

„Ich bin so aufgeregt“, seufzt Ida.

Sie blickt auf die Papierblumen, die sie und ihre Freunde selbst gebastelt haben. Das ist der Schmuck für die Ponys und die Reiter, die bei der Parade mitmachen. Ben schaut auf die Uhr. „Noch zwei Stunden bis zum Umzug“, sagt er.

„Kommt,
wir gehen Eis essen!“

Ida, Lars, Ben und Karo laufen zum Eisstand und stellen sich in die Schlange. Auf einmal zieht eine dicke Wolke vor die Sonne.
„Es fängt an zu regnen“, meint Lars.
„Oh nein! Die Papierblumen!“, ruft Ida. „Sie stehen doch draußen auf dem Putzplatz!“
Alle rasen zurück zu den Körben und schleppen sie in den Stall. Nass kleben die Papierblumen aneinander. Die Kinder schauen sich an.

„Die sind hin", flüstert Karo. „Jetzt fällt die Parade ins Wasser."
„Wasser! Das ist *die* Idee!", ruft Ida auf einmal. Die anderen starren sie verständnislos an.

„Ich erkläre es euch", sagt Ida und beginnt zu erzählen ...

Eine Stunde später sammeln sich die Reiter vor dem Stall. Da hält ein Auto vor dem Tor. Idas Mutter sitzt darin. Hinter ihr stapeln sich Wasserbälle, Gummistiefel und andere Plastiksachen.
„Was ist denn das?", fragt ein Mädchen.
„Der Schmuck für die Parade", sagt Ida und lächelt. „Fass mal mit an!"
Bald sind alle Ponys und Reiter bunt geschmückt.

Karo reitet als Erste.

Sie hat einen umgedrehten Gummistiefel auf dem Kopf. Ihr Pony Suse trägt einen geblümten Duschvorhang. Herr Lenz, der Reitlehrer, hat sich einen Gartenschlauch um den Bauch gewickelt.
„Zum Piepen!", ruft eine Frau. „Das ist ja eine echte Wasserparade!"
Die Besucher lachen und machen Fotos.
„So einen witzigen Festumzug gab's noch nie!", rufen sie.

Und das finden Lars, Ben,
Karo und Ida auch.

Der große Max

Heute ist Majas erste Reitstunde. Frau Fuchs, die Reitlehrerin, führt die Anfängergruppe in den Stall.
„Ich kann schon reiten!“, prahlt ein Junge. „Kevin“ steht auf seinem T-Shirt. „Hat mir mein Onkel in den Ferien beigebracht.“

„So ein Angeber“,
denkt Maja.

Muss der ausgerechnet in ihrer Gruppe sein? Frau Fuchs klatscht in die Hände.

„Sucht euch jetzt ein Pony aus!“, sagt sie.

Die Kinder stürmen los. Bald haben alle ein Pony gefunden. Nur Kevin nicht.

„Ich will ein großes Pferd“, mault er.

„Wir haben nur Ponys“, sagt Frau Fuchs freundlich.

„Und was ist mit dem da?“, fragt Kevin und zeigt hinüber zur Weide. Dort steht ein großer Dunkelgrauer und steckt den Kopf ins hohe Gras.

Frau Fuchs schüttelt den Kopf.
„Der große Max? Das ist ein ..."
Weiter kommt sie nicht.

„Großer Max klingt gut", sagt Kevin.
„Den nehme ich!"

Frau Fuchs überlegt. Dann lächelt sie.
„Na gut, Kevin. Du kannst ja schon ein wenig reiten. Aber Vorsicht: Max ist störrisch!"
Sie steckt zwei Finger in den Mund und pfeift. Der große Graue hebt den Kopf. Er spitzt seine Ohren – seine langen Ohren ...

„Das ist ja ein Esel!", japst Kevin.

„Ein Riesenesel", sagt Frau Fuchs.
Die Kinder lachen laut los. Kevins Kopf wird knallrot. Der große Max trottet zum Zaun und stupst ihn an.
„Einen Esel zu reiten, ist gar nicht so einfach", sagt Frau Fuchs.
Kevin grinst verlegen.
„Na, Max, dann bist du ja genau der Richtige für mich!"
Da weiß Maja, dass Kevin doch ganz in Ordnung ist.

3

MIT BUNTEN SILBEN

LESEN LERNEN

Liebe Eltern,

in diesen Geschichten sind alle Wörter in farbig markierte Buchstabengruppen, die Sprechsilben, unterteilt. Durch die farbigen Markierungen der Silben ist es für Kinder viel leichter, die richtige Einteilung in geschriebenen Wörtern zu erkennen und den Sinn der Wörter zu begreifen. Auf diese Weise lernen sie schnell, flüssig und fehlerfrei zu lesen. So kommen auch weniger geübte Leser*innen schnell zu einem Erfolgserlebnis.

So macht das Lesenlernen Spaß!

Eva Hierteis

Das neue Pferd in der Reitschule

Illustriert von Fanziska Harvey

Frech wie Oskar

Im Stall steht ein neues Pferd.
Es heißt Oskar und ist
wuschelweich und wunderschön.
Lina ist sofort in Oskar verliebt.

In der Reitstunde
macht er toll, was er soll.
Er hört auf Linas Hilfen
und galoppiert schön rund.

Mit ihm hat Lina
auch vor gar nichts Angst.
Sie traut sich sogar
ihren allerersten Sprung! Hui!

„Nur nachts ist Oskar
alles andere als artig“,
erzählt Jo, der Reitlehrer.
„Er büxt nämlich ständig aus!“

Mal klaut Oskar Äpfel.
Mal mampft er Geranien.
Mal holt er die Wäsche
von der Leine.

Mal wird er
für einen Einbrecher gehalten.
Jede Nacht frisst er was aus –
oder auf. Oder beides.

Schlechte Neuigkeiten

Vor der nächsten Reitstunde
kommt Linas Freundin Mia
angerannt.
Sie ist ganz aufgeregt.

„Ich habe was belauscht!“,
japst sie. „Frau Eder will
Oskar wieder verkaufen,
weil er immer ausreißt.“

„Oh nein!“ Lina schluckt.
Frau Eder gehört der Reitstall.
„Sie hat es zu Jo gesagt“,
flüstert Mia traurig.

Lina verschränkt die Arme
und stampft mit dem Fuß.
Oskar ist doch ihr Freund!
„Das lasse ich nicht zu!“

Oskar stampft mit
und schnaubt empört dazu.
PFFFD-PFRRR!

„Und jetzt?“, fragt Mia.
„Ich nehme ihn einfach
mit nach Hause“, meint Lina.
„Dafür ist er zu groß“, sagt Mia.

„Dann bewache ich ihn eben und übernachte ab jetzt im Stall“, sagt Lina entschlossen.
Mia seufzt. „Das klappt nie.“

Die ganze Reitstunde über
rasen Linas Gedanken.
„Was ist nur mit Oskar los?“,
fragt sie sich.

Eins ist klar:
Er hat irgendein Geheimnis.
Und sie wird es herausfinden.
Und zwar hopp-hopp-galopp!

Ein heimlicher Mitbewohner

Nach dem Reiten
sattelt Lina Oskar ab.
Heute kann sie sich
gar nicht von ihm trennen.

Sie striegelt ihn
und streichelt ihn,
sie füttert ihn
und futtert mit ihm.

Erst als es schon Abend wird,
bringt sie ihn zu seiner Box.
In der Stallgasse
trödelt er und tänzelt nervös.

Als Lina die Box öffnet,
bleibt er bockig stehen
und schüttelt den Kopf,
dass die Mähne fliegt.

„Na komm.“ Lina gibt ihm sanft einen Klaps auf den Po. Da reißt er ihr den Strick aus der Hand und haut ab!

Erst an der Stalltür
holt sie Oskar ein.
Sie streichelt ihn beruhigend
und bindet ihn an.

Dann begutachtet sie die Box.
Warum will er da nicht rein?
Plötzlich raschelt es!

Lina traut ihren Augen kaum.
Im Stroh entdeckt sie
ein goldgelbes Fellknäuel.
Es ist ein Hamster!

Lina im Glück

„Wo kommst du denn her?“,
murmelt Lina und nimmt ihn
behutsam auf die Hand.
Sie grinst. Noch ein Ausreißer!

„Guck mal“, sagt sie zu Oskar
und hält ihm den Kleinen hin.
„Du hast einen Mitbewohner.“

Beim Anblick des Hamsters
legt Oskar die Ohren an
und reißt die Augen auf.

Jetzt wird Lina alles klar:
Der große Oskar hat Angst
vor dem klitzekleinen Kerl!

Hastig lässt sie den Hamster hinter dem Rücken verschwinden und kuschelt Oskar. „Du Held“, kichert sie. „Du bist süß!“

Da kommt Jo in den Stall.
Als Lina ihm alles erzählt,
beginnt er zu lachen.
„Gut gemacht, Lina“, sagt er.

„Jetzt hat Oskar ja
keinen Grund mehr auszubüxen.
Darf er dann bleiben?“,
fragt Lina vorsichtshalber.

Sie legt den Arm um Oskar.
Jo nickt. „Na klar!
Der Hamster muss ausziehen."
„Au ja!", ruft Lina. „Zu mir!"

Das erlauben ihre Eltern sicher.
Lina grinst. Dann hat sie
gleich zwei neue Lieblinge:
einen großen und einen kleinen!

Amelie Benn wurde 1974 in Süddeutschland geboren. Während ihres Studiums lebte sie zeitweise in Nepal, Israel und England. Dort besuchte sie viele magische Orte und sammelte Ideen für ihre Geschichten. Heute lebt Amelie Benn mit ihrer Familie in der Schillerstadt Marbach.

Heike Wiechmann wuchs in Travemünde auf. Nach einem Studium der Pädagogik und Illustration arbeitete sie als Spielzeugdesignerin und reiste dabei um die halbe Welt. Heute schreibt und illustriert sie Kinderbücher, zeichnet Cartoons und lebt mit Mann, zwei Kindern und vielen Tieren in der Nähe der Ostsee. Mehr über Heike Wiechmann findet ihr auf ihrer Homepage *www.wiechmann-illustration.de*.

Eva Hierteis, geboren 1972, träumte schon als Kind davon, Bücher zu schreiben, kam jedoch nie über die dritte Seite hinaus. Das hat sich inzwischen geändert. Nach einem Literaturstudium und einigen Jahren in einem Kinderbuchverlag hat sie sich endlich ihren Traum erfüllt und widmet sich ganz dem Schreiben. Sie lebt mit ihrer Familie in Nürnberg.

Alexander Bux, 1970 in Augsburg geboren, war als Kind leidenschaftlicher Monster- und Drachenmaler. Er hat Grafikdesign mit den Hauptfächern Illustration und Typografie studiert. Jetzt lebt er mit seiner Familie in Hamburg und illustriert mit großer Freude Kinderbücher.

Franziska Harvey, geboren 1968, studierte Grafikdesign an der Fachhochschule Wiesbaden und arbeitet seitdem als freie Illustratorin für verschiedene Agenturen und Verlage. Heute illustriert sie hauptsächlich Kinderbücher und lebt mit ihrer Familie in Frankfurt am Main.

Quellenverzeichnis

S. 9–45
Amelie Benn: *Bildermaus – Pferdegeschichten,*
farbig illustriert von Alexander Bux.

S. 47–73
Heike Wiechmann: *LesePiraten – Reitstallgeschichten,*
farbig illustriert von der Autorin.

S. 75–107
Eva Hierteis: *Leselöwen 1. Klasse – Das neue Pferd in der Reitschule,*
farbig illustriert von Franziska Harvey.

FSC
www.fsc.org
MIX
Papier | Fördert gute Waldnutzung
FSC® C109273

ISBN 978-3-7432-2119-2
1. Auflage 2025

Dieser Titel enthält die z. T. bearbeiteten Einzeltitel
Bildermaus – Pferdegeschichten, LesePiraten – Reitstallgeschichten
und *Leselöwen 1. Klasse – Das neue Pferd in der Reitschule*

Umschlagillustration: Stefanie Klaßen
Umschlaggestaltung: Johanna Mühlbauer
Druck und Bindung: DRUK - INTRO S.A.,
Swietokrzyska 32, 88-100 Inowroclaw, POLEN

www.loewe-verlag.de